Impressum
Verlag: BABADADA GmbH, Nedderfeld 112 , 22529 Hamburg
Geschäftsführer / Verlagsleitung: Harald Hof
Druck: Books on Demand GmbH, In de Tarpen 42, 22848 Norderstedt

Imprint
Publisher: BABADADA GmbH, Nedderfeld 112 , 22529 Hamburg, Germany
Managing Director / Publishing direction: Harald Hof
Print: Books on Demand GmbH, In de Tarpen 42, 22848 Norderstedt, Germany

baba

школа

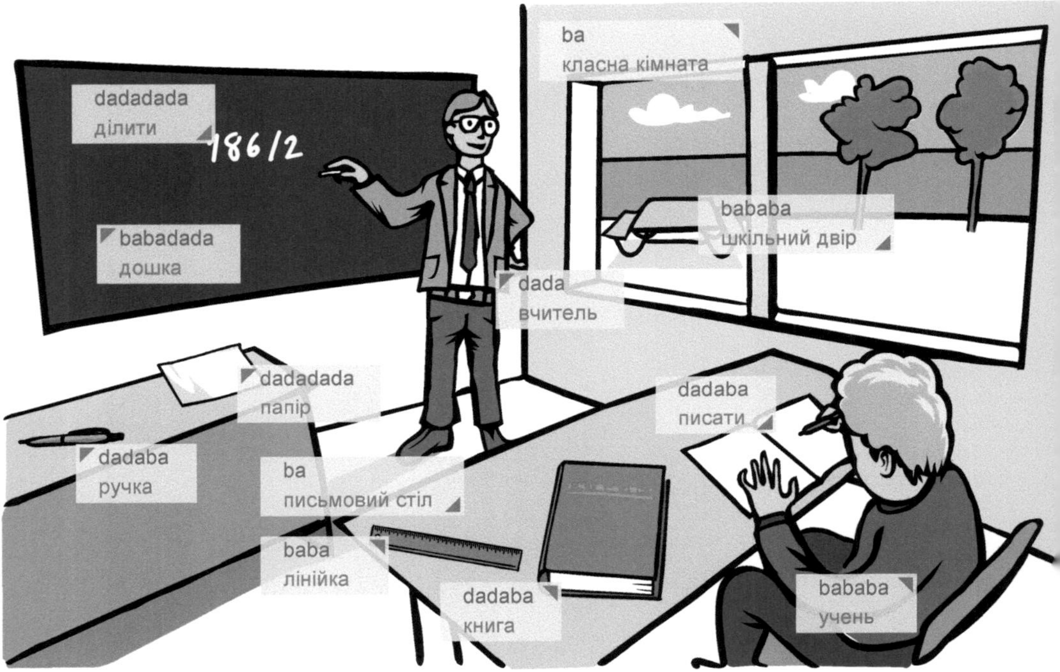

ba
класна кімната
dadadada
ділити
186/2
babadada
дошка
bababa
шкільний двір
dada
вчитель
dadadada
папір
dadaba
писати
dadaba
ручка
ba
письмовий стіл
baba
лінійка
dadaba
книга
bababa
учень

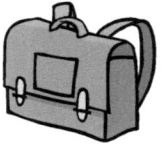

dadaba

ранець

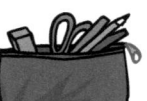

dada

пенал

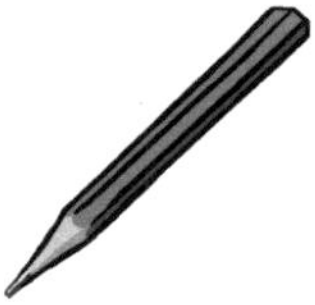

bababa

олівець

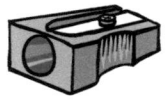

dadaba

точило

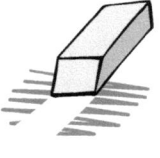

baba

гумка

ba

альбом для малювання

bababa

малюнок

ba

пензель

dada

коробка фарб

babadada

ножиці

dadaba

клей

dadadada

зошит

babadada

домашнє завдання

bababa

число

dadaba

додавати

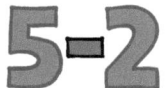

bababa

віднімати

badada

множити

dadababa

рахувати

babababa

літера

bababababa

абетка

dada

слово

babadada

текст

dadadada

читати

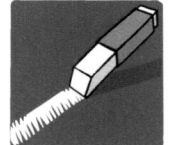

dada

крейда

babababa

година

ba

класний журнал

baba

екзамен

babababa

диплом

babadada

шкільна форма

babababa

освіта

dadababa

лексикон

babababa

університет

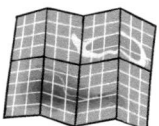

dadababa

мікроскоп

bababa

карта

babadada

кошик для паперу

baba

подорож

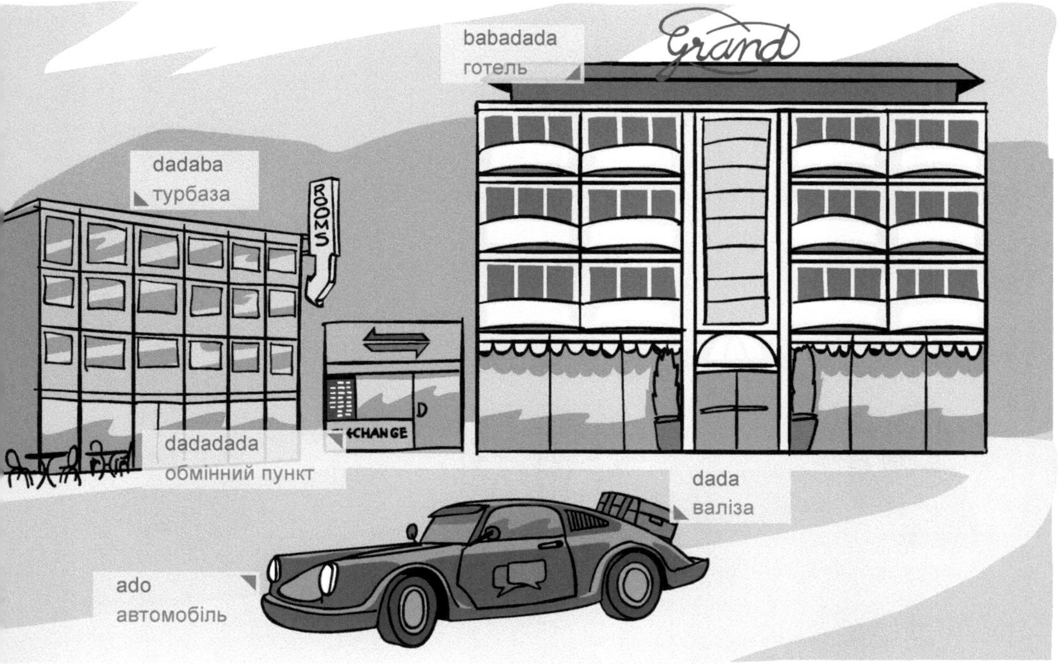
babadada
готель
Grand
dadaba
турбаза
ROOMS
dadadada
обмінний пункт
EXCHANGE
dada
валіза
ado
автомобіль

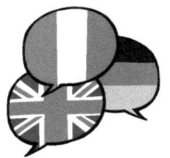

dadadada

мова

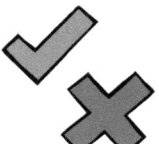

da / meh

так / ні

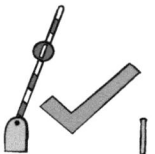

Oh

добре

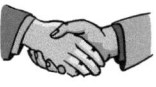

ba

привіт

dada

перекладач

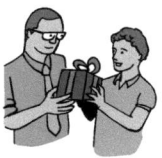

dada

дякую

babababa

Скільки коштує ...?

ah

Я не розумію

dadaba

проблема

ba dada

Добрий вечір!

babadada

Доброго ранку!

heia!

На добраніч!

dadaba

До побачення

badada

напрямок

dada

багаж

babababa

сумка

babababa

рюкзак

baba

гість

dadadada

кімната

dadadada

спальний мішок

dada

намет

dadadada
································
туристична інформація

badada
················
пляж

babadada
················
кредитна картка

dadababa
················
сніданок

baba
···········
обід

bababa
················
вечеря

dada
············
квиток

dada
············
ліфт

babadada
················
поштова марка

badada
················
межа

dadaba
················
митниця

babadada
················
посольство

dadaba
················
віза

dada da da da
················
паспорт

dadadada

транспорт

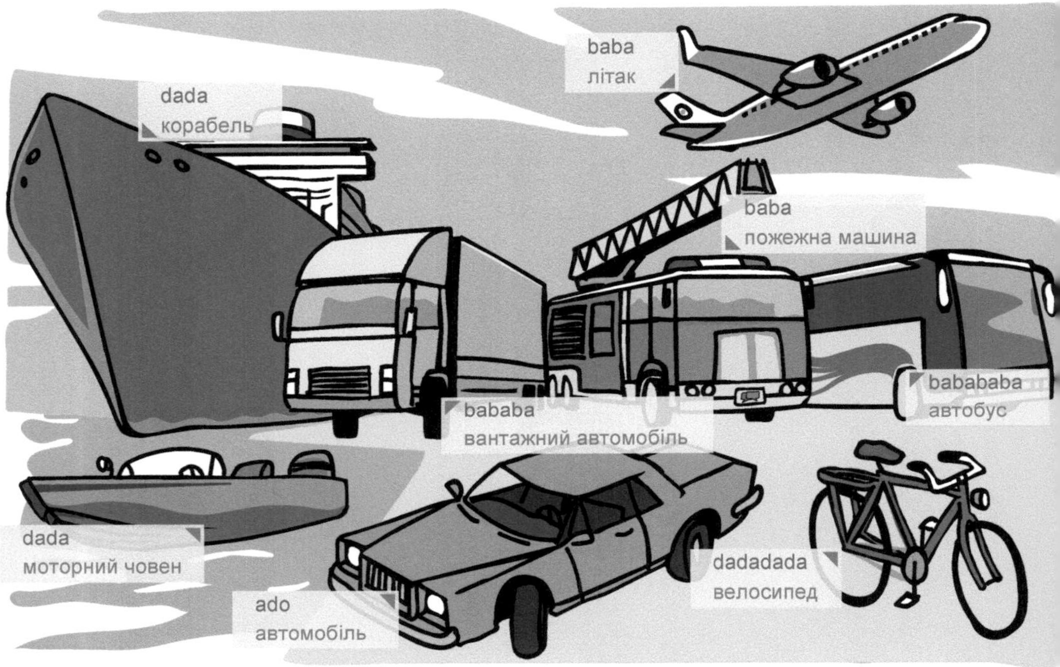

baba
літак
dada
корабель
baba
пожежна машина
bababa
вантажний автомобіль
babababa
автобус
dada
моторний човен
ado
автомобіль
dadadada
велосипед

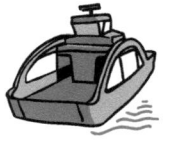

babadada

пором

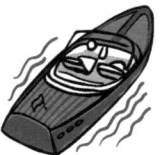

baba

човен

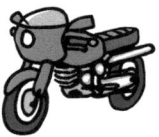

bababa

мотоцикл

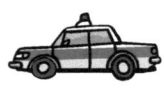

ado

поліцейська машина

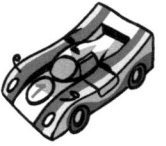

ado

гоночний автомобіль

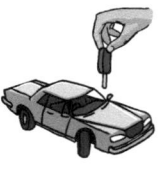

auto

автомобіль на прокат

dada

спільне користування авто

ado

евакуатор

ado

сміттєвоз

brumbrum!

двигун

bababa

паливо

dada

автозаправна станція

dadaba

дорожній знак

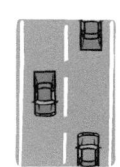

badada

рух

ado ado

затор

babadada

стоянка

babababa

вокзал

dada

рейки

dadaba

потяг

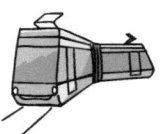

baba

трамвай

dadaba

вагон

baba

гелікоптер

baba

аеропорт

dadaba

вежа

baba

пасажир

badada

контейнер

dada

коробка

baba

візок

dadadada

кошик

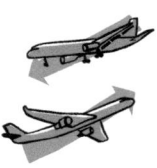

da / bada

стартувати / приземлятися

dadaba

місто

bababa

село

dadababa

центр міста

dadaba

дім

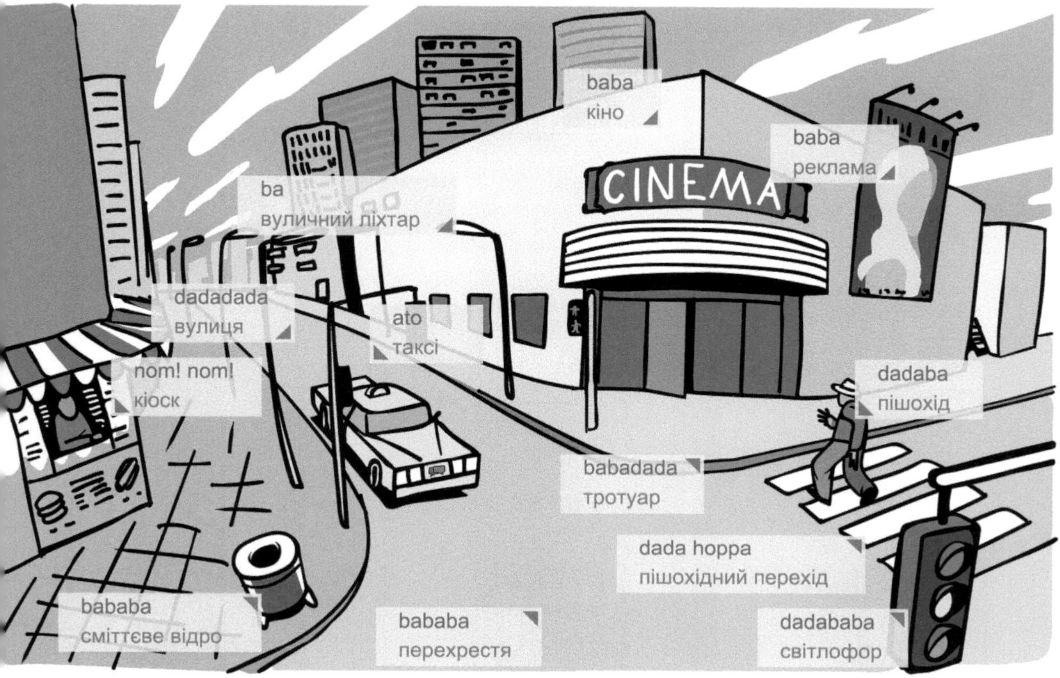

baba
кіно

baba
реклама

ba
вуличний ліхтар

dadadada
вулиця

ato
таксі

nom! nom!
кіоск

dadaba
пішохід

babadada
тротуар

dada hoppa
пішохідний перехід

bababa
сміттєве відро

bababa
перехрестя

dadababa
світлофор

babadada

хатина

dadadada

квартира

babababa

вокзал

dadaba

ратуша

bababa

музей

baba

школа

bababababa

університет

dadadada

банк

aua!

лікарня

babadada

готель

aua!

аптека

baba

офіс

bababa

книжковий магазин

ba

магазин

dadaba

квітковий магазин

dada nom nom

супермаркет

dadadada

ринок

dadadada

універмаг

nom! nom!

торговець рибою

baba

торговельний центр

ba

гавань

dadadada

парк

baba

лава

babababa

міст

dadadada

сходи

bababa

метро

baba

тунель

ba

автобусна зупинка

babababa

бар

nom nom!

ресторан

dadaba

поштова скринька

dada

вулична табличка

baba

лічильник паркування

bababa

зоопарк

dada

басейн

baba

мечеть

dadaba

ферма

dadababa

забруднення
навколишнього
середовища

bababa

кладовище

ba

церква

dadababa

дитячий майданчик

bababa

храм

dada
ландшафт

baba
листок

baba
вказівний стовп

dada
шлях

bababa
луг

baba
камінь

dadababa
дерево

dada
мандрівник

bababa
річка

dada
трава

mama!
квітка

badada

долина

bababa

гора

dadadada

озеро

dadadada

ліс

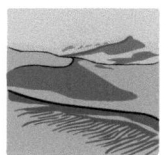

dadababa

пустеля

dadaba

вулкан

bababababa

замок

dadaba

веселка

bababa

гриб

dadababa

пальма

aua!

комар

badada

муха

dadababa

мурашка

summ summ

бджола

dada

павук

dadaba

жук

quak

жаба

dadababa

вивірка

dadaba

їжак

baba

заєць

gackgack

сова

gackgack

птах

gackgack

лебідь

babadada

кабан

dadadada

олень

dadadada

лось

dadadada

гребля

ba

вітряк

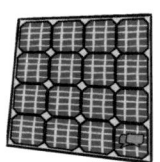

dadadada

сонячний модуль

bababa

клімат

dada - ландшафт

dadadada
офіціант

baba
меню

dadaba
стілець

nom nom!
піца

nom! nom!
суп

babababa
скатертина

ba
столові прилади

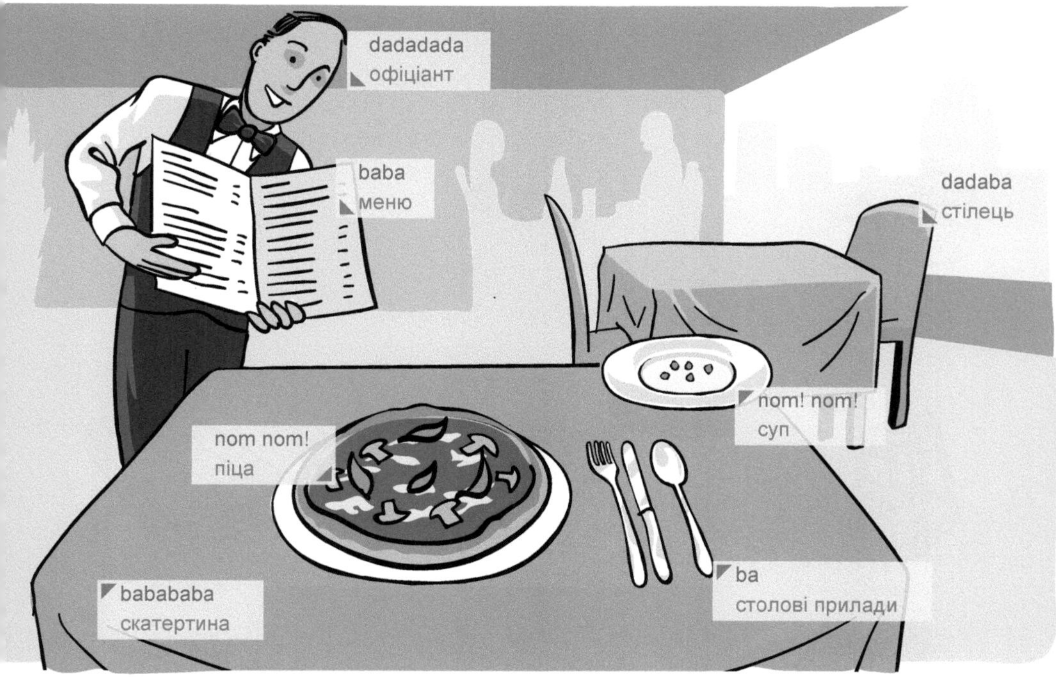

nom! nom!
....
закуска

nom! nom!
....
друга страва

nom nom!
....
десерт

dadababa
....
напої

nom nom!
....
їжа

nom nom!
....
пляшка

nom! nom!

фаст-фуд

nom! nom!

вулична їжа

babababa

чайник

nom! nom!

цукорниця

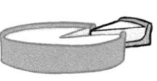

nom nom!

порція

dadaba

еспресо-машина

bababa

високий стільчик

ba

рахунок

bababa

піднос

ba

ніж

babadada

вилка

dadaba

ложка

bababa

чайна ложка

dadaba

серветка

ba

склянка

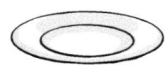

nom nom!

тарілка

bababa

тарілка для супу

bababa

блюдце

nom! nom!

соус

dadadada

солонка

dadaba

млин для перцю

bähbäh

оцет

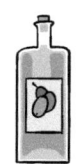

dadababa

масло

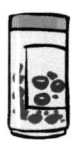

dadababa

спеції

nom! nom!

кетчуп

nom! nom!

гірчиця

nom nom!

майонез

dada nom nom

супермаркет

dadababa
пропозиція
FOR
dadaba
клієнт
dadaba
молочні продукти
nom nom!
фрукти
baba
візок для покупок

BUTCHERS

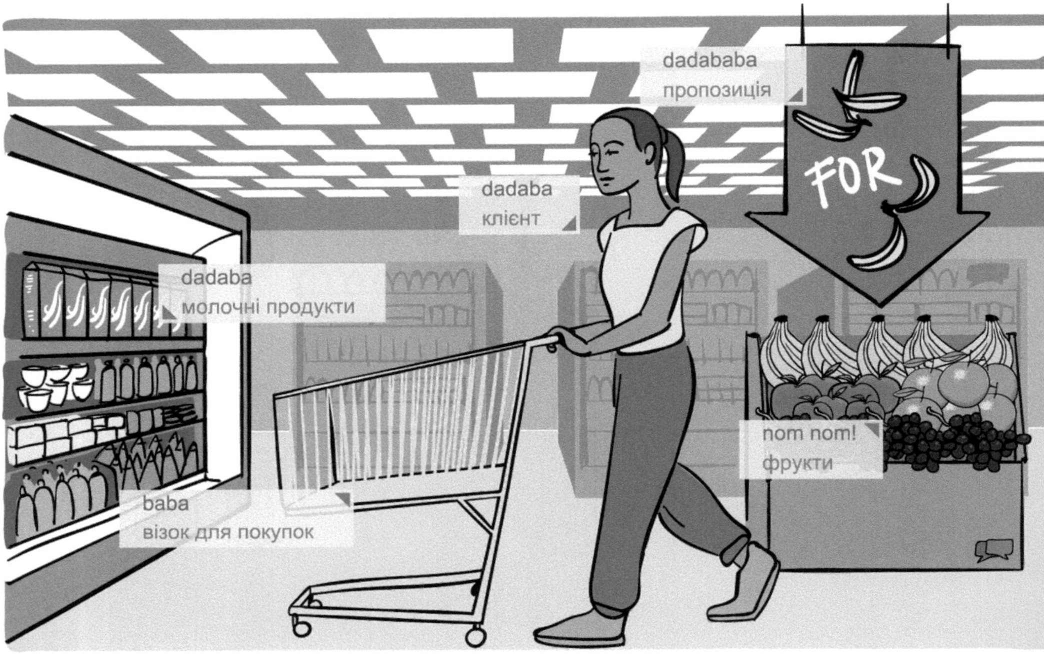

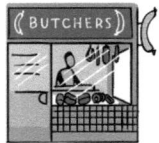

dadaba

м'ясний магазин

BAKERY

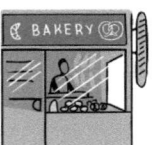

nom! nom!

пекарня

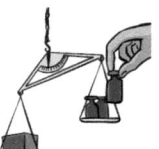

bababa

зважувати

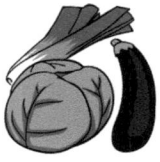

bähbäh

овочі

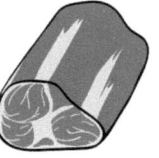

nom nom!

м'ясо

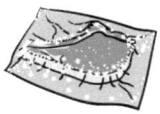

nomnom

заморожені продукти

nom nom!

ковбасна нарізка

nomnom

консерви

bababa

пральний порошок

baba

солодощі

dadaba

предмети домашнього
побуту

dadababa

мийний засіб

bababa

продавщиця

bababa

каса

dadaba

касир

dada

список покупок

dadababa

часи роботи

baba

гаманець

babadada

кредитна картка

dadababa

сумка

dadababa

поліетиленовий пакет

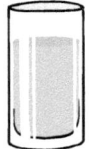

wasa

вода

dadadada

сік

badada

молоко

ba

кола

bababa

вино

dadadada

пиво

dadaba

алкоголь

bababa

какао

dadababa

чай

dada

кава

dadaba

еспресо

dadababa

капучіно

nane

банан

nom nom!

яблуко

bababa

апельсин

nom nom!

кавун

nom nom!

лимон

bähbäh

морква

bada meh

часник

dadaba

бамбук

dadaba

цибуля

nom nom!

гриб

nom nom!

горішки

nom nom!

локшина

nom nom!

спагеті

nom nom!

рис

nom nom!

салат

nom nom!

картопля фрі

nom nom!

смажена картопля

nom nom!

піца

nom nom!

гамбургер

nom nom!

бутерброд

nom nom!

шніцель

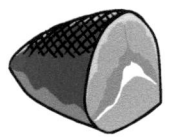

nom nom!

шинка

nom nom!

салямі

nom nom!

ковбаса

gack gack

курка

nom nom!

печеня

nom nom!

риба

nom nom!

вівсяні пластівці

bähbäh

мюслі

nom nom!

кукурудзяні пластівці

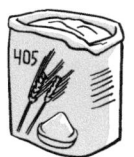

nom nom!

борошно

nom nom!

круасан

babadada

булочка

nom! nom!

хліб

nom nom!

тостовий хліб

nom nom!

печиво

nom nom!

масло

nom nom!

сир

nom nom

пиріг

dadaba

яйце

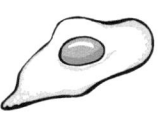

nom nom!

яєчня

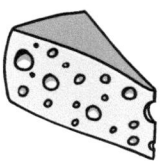

bada muh

сир

nom nom!

морозиво

nom nom!

цукор

baba summ

мед

nom nom!

мармелад

nom nom!

нуга-крем

babadada

карі

nom nom! - їжа

dadaba
ферма

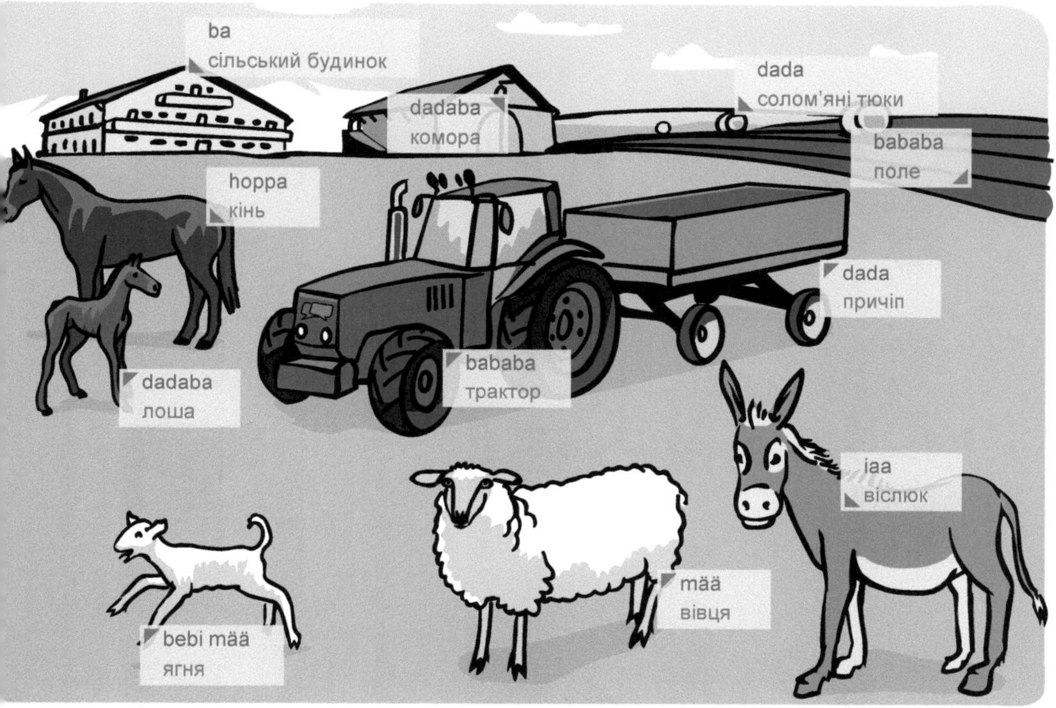
ba
сільський будинок
dada
солом'яні тюки
dadaba
комора
bababa
поле
hoppa
кінь
dada
причіп
bababa
трактор
dadaba
лоша
iaa
віслюк
mää
вівця
bebi mää
ягня

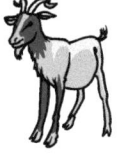

baba

коза

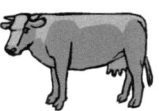

muh

корова

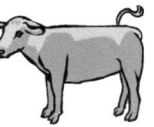

mimuh

теля

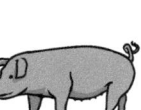

mama oink

свиня

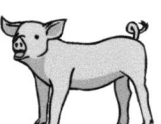

oink

порося

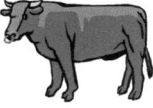

dadadada

бик

gackgack

гусак

gackquack

качка

gacki

курча

gackgack

курка

gacko

півень

dada

щур

mau

кіт

bababa

миша

muh

віл

wauwau

собака

wauwau

собача будка

baba

садовий шланг

dadababa

лійка

baba

коса

dadababa

плуг

baba

серп

dadadada

мотика

dada

вила

bababa

сокира

babababa

тачка

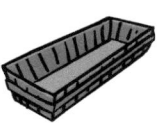

baba

корито

dada muh

бідон молока

dadababa

мішок

badada

паркан

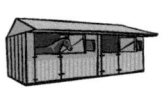

dadadada

хлів

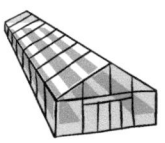

ba

теплиця

babadada

ґрунт

baba

насіння

baba

добриво

dadababa

комбайн

dadaba - ферма

bababa

пожинати

dadadada

урожай

dadaba

корінь ямсу

dadababa

пшениця

dadababa

соя

bababa

картопля

badada

кукурудза

bababa

ріпак

bababa

плодове дерево

dadadada

маніок

dadababa

злаки

dadaba - ферма

dadaba

дім

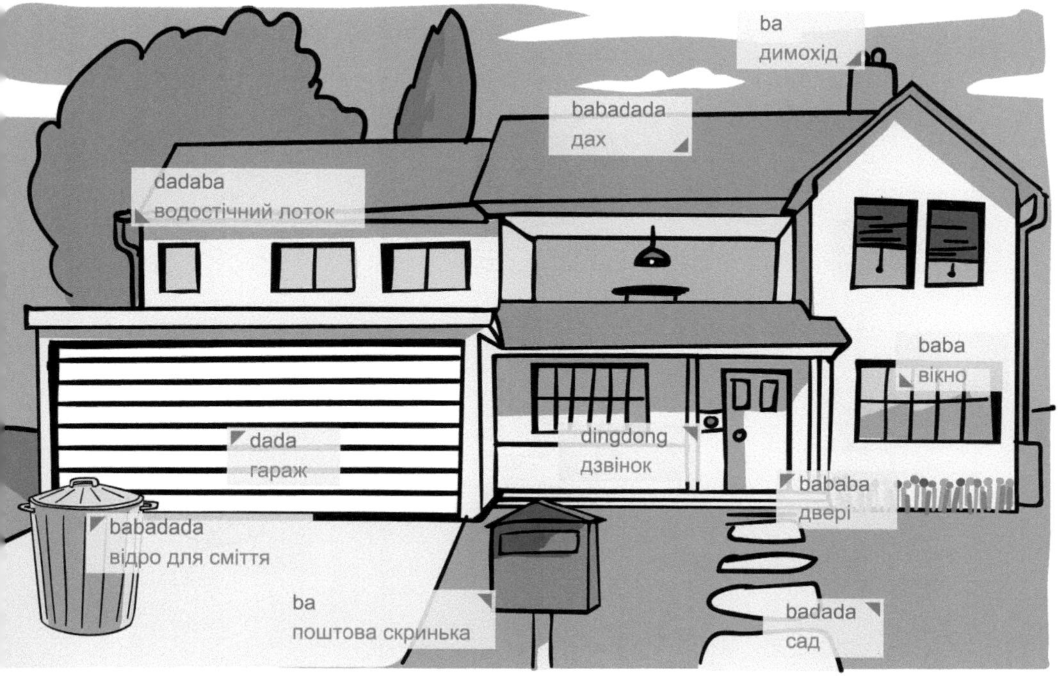
ba
димохід
babadada
дах
dadaba
водостічний лоток
baba
вікно
dada
гараж
dingdong
дзвінок
bababa
двері
babadada
відро для сміття
ba
поштова скринька
badada
сад

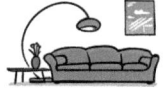

dadadada
вітальня

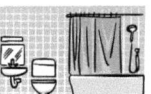

bababa
ванна кімната

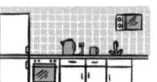

bababa
кухня

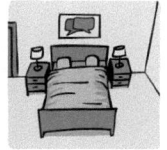

dadababa
спальня

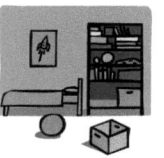

meina
дитяча кімната

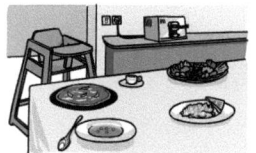

dadaba
їдальня

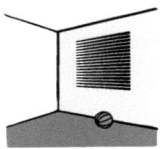

badada

підлога

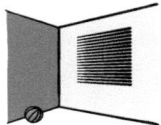

dadababa

стіна

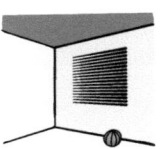

bababa

стеля

dada

підвал

dadababa

сауна

babababa

балкон

dadadada

тераса

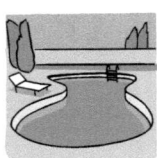

bababa

басейн

baba

косарка

dadaba

простирало

babadada

ковдра

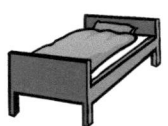

heia!

ліжко

dada

мітла

dadaba

відро

dadababa

перемикач

dadadada
вітальня

dadadada
шпалери
badada
малюнок
badada
лампа
dadadada
поличка
ba
шафа
dada gucki
телевізор
dadababa
камін
mama!
квітка
baba
подушка
dada
диван
dadaba
ваза
baba
пульт

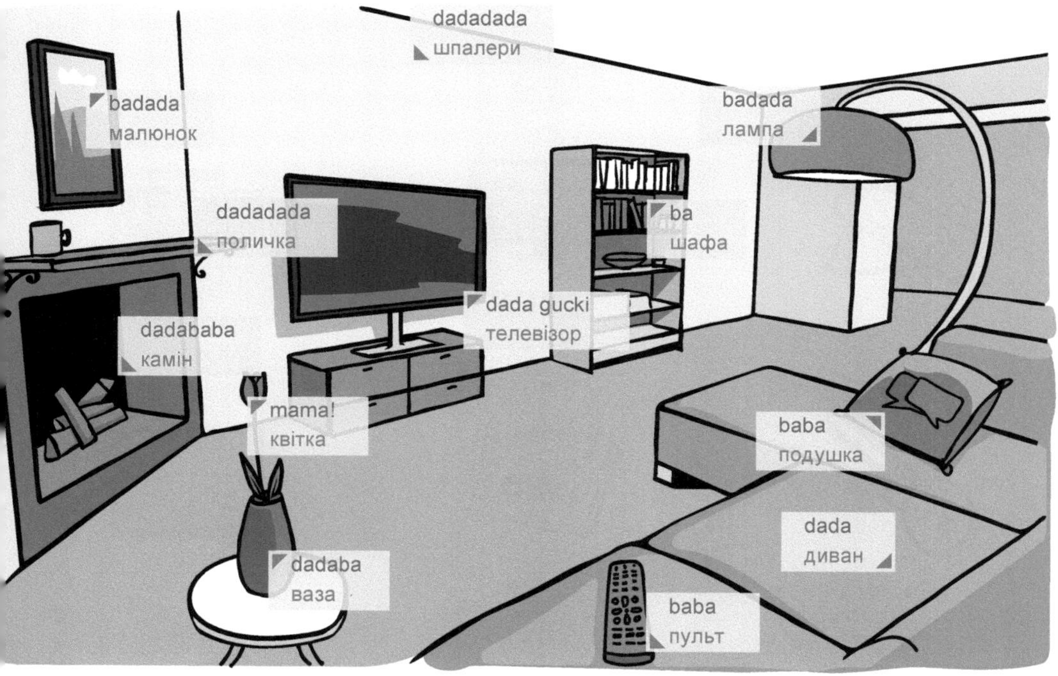

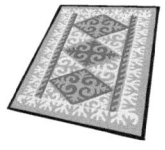

dada

килим

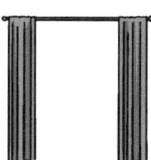

bababa

завіса

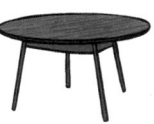

ba

стіл

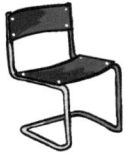

dadaba

стілець

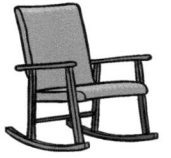

dadadada

крісло-гойдалка

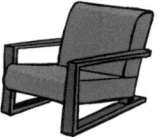

bababa

крісло

dadaba

книга

dadadada

ковдра

dadaba

прикраса

ba

дрова

dadadada

фільм

lala

стереосистема

babadada

ключ

dadadada

газета

dadadada

картина

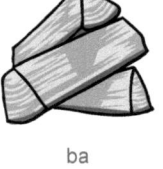

bababa

плакат

lala

радіо

dadababa

блокнот

babadada

пилосос

aua!

кактус

babadada

свічка

bababa

кухня

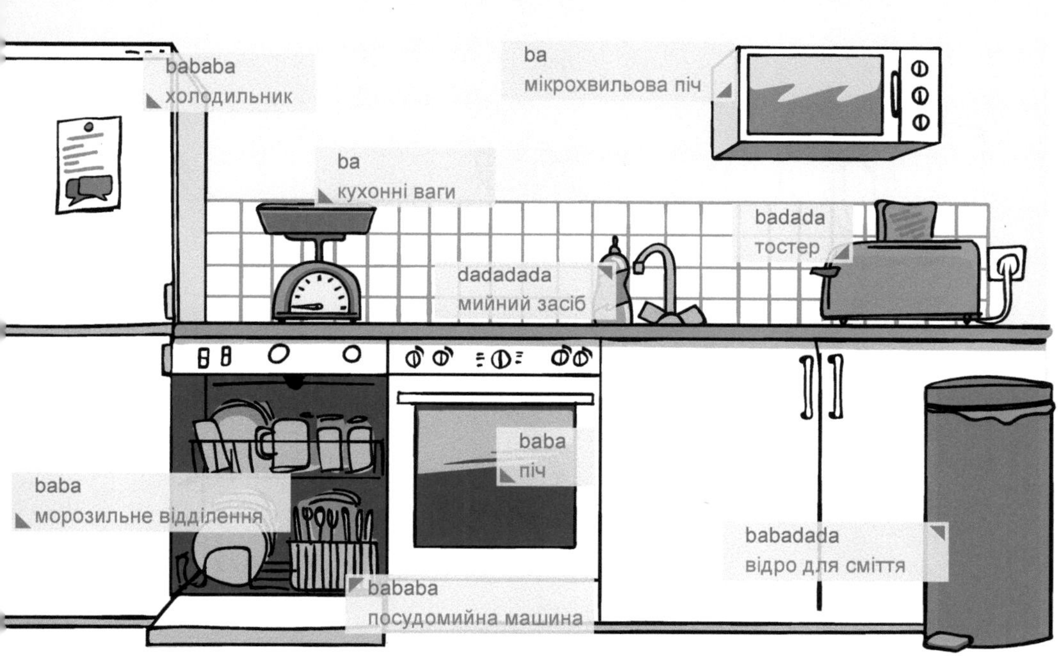
bababa
холодильник
ba
мікрохвильова піч
ba
кухонні ваги
badada
тостер
dadadada
мийний засіб
baba
піч
baba
морозильне відділення
babadada
відро для сміття
bababa
посудомийна машина

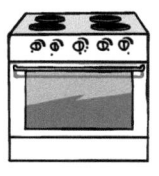

dada

плита

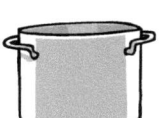

dada

горщик

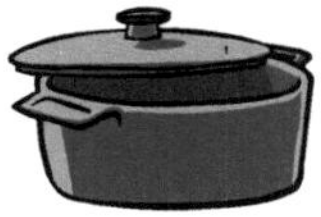

dada

чавунний горщик

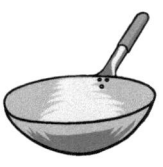

baba / dada

вок / кадай

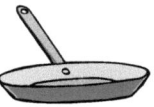

badada

сковорода

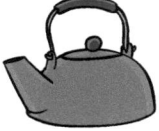

ba

чайник

dadababa

пароварка

bababa

лист

dadaba

посуд

dadadada

кухоль

dadaba

чаша

baba

палички для їжі

dadaba

черпак

dadadada

лопатка

badada

вінчик для збивання

dada

сито

bababa

сито

baba

терка

dadababa

ступка

dada

барбекю

aua!

багаття

dadababa

дошка

babababa

качалка

dadababa

штопор

dadadada

конзерва

bababa

відкривачка

dadababa

прихватки

dadadada

раковина

dadababa

щітка

ba

губка

aua!

міксер

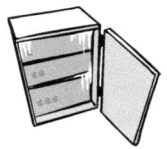

babadada

морозильна камера

bababa

дитяча пляшка

dadadada

кран

bababa
ванна кімната

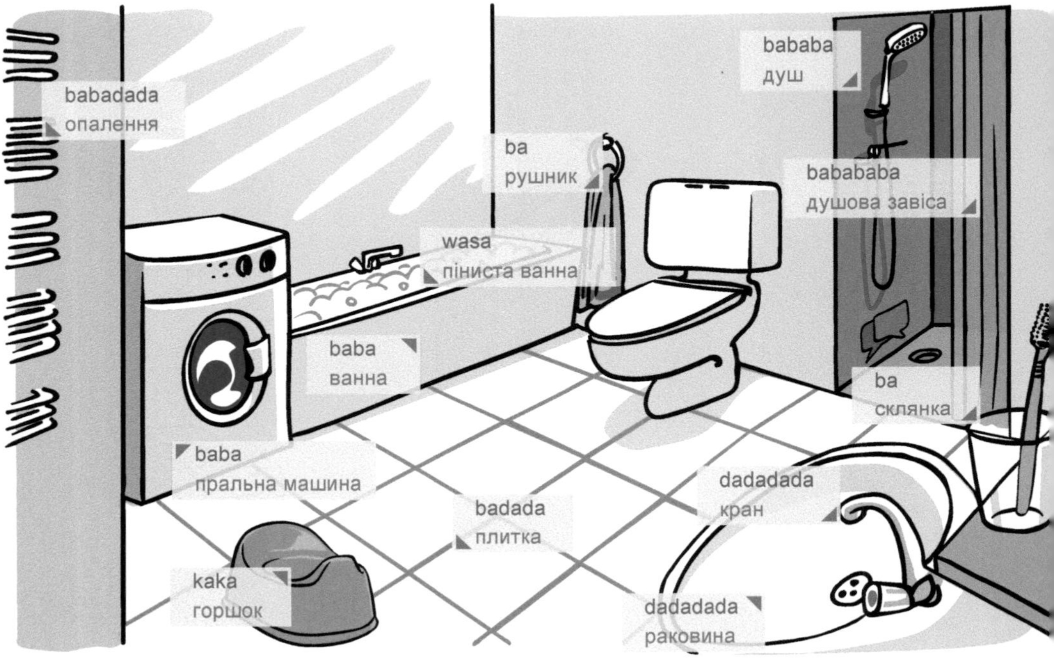
bababa
душ
babadada
опалення
ba
рушник
babababa
душова завіса
wasa
пiниста ванна
baba
ванна
ba
склянка
baba
пральна машина
dadadada
кран
badada
плитка
kaka
горшок
dadadada
раковина

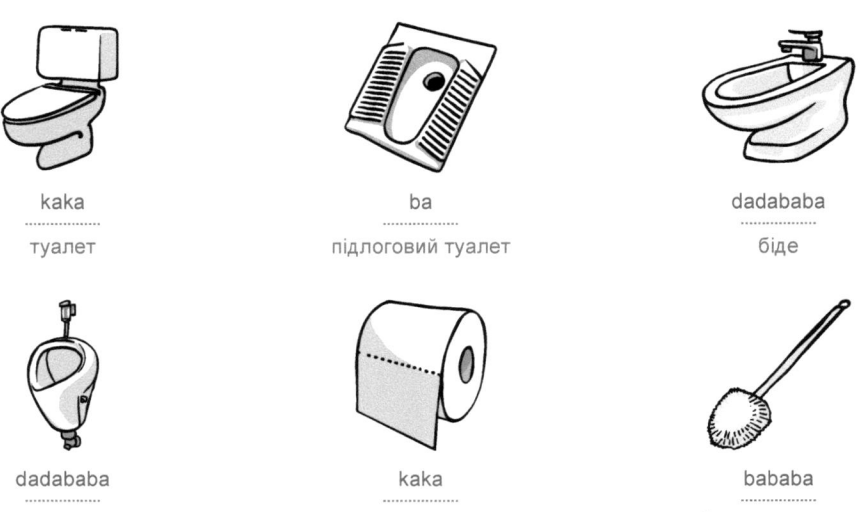

kaka

туалет

ba

підлоговий туалет

dadababa

біде

dadababa

пісуар

kaka

туалетний папір

bababa

щітка для туалету

bababa

зубна щітка

nom! nom!

зубна паста

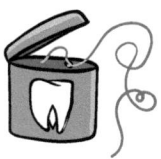

dadadada

нитка для чищення зубів

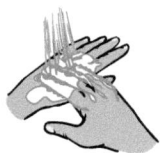

bababa

мити

babababa

ручний душ

dadadada

інтимний душ

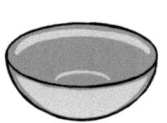

badada

таз

dadadada

щітка для спини

nom! nom!

мило

nom! nom!

гель для душу

nom! nom!

шампунь

babadada

мочалка

dadaba

водостік

nom! nom!

крем

babababa

дезодорант

dadadada

дзеркало

dadadada

косметичне дзеркало

ba

бритва

nom! nom!

піна для гоління

nam! nam!

лосьйон після гоління

dadababa

гребінь

baba

щітка

dadadada

фен

badada

лак для волосся

dadaba

косметика

mama!

губна помада

ba

лак для нігтів

bababa

вата

dadadada

ножиці для нігтів

bababa

парфум

dadadada

косметичка

bababa

табурет

dadadada

ваги

ba

халат

babababa

гумові рукавички

ba

тампон

bababa

гігієнічні прокладки

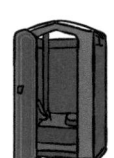

baba

біотуалет

meina

дитяча кімната

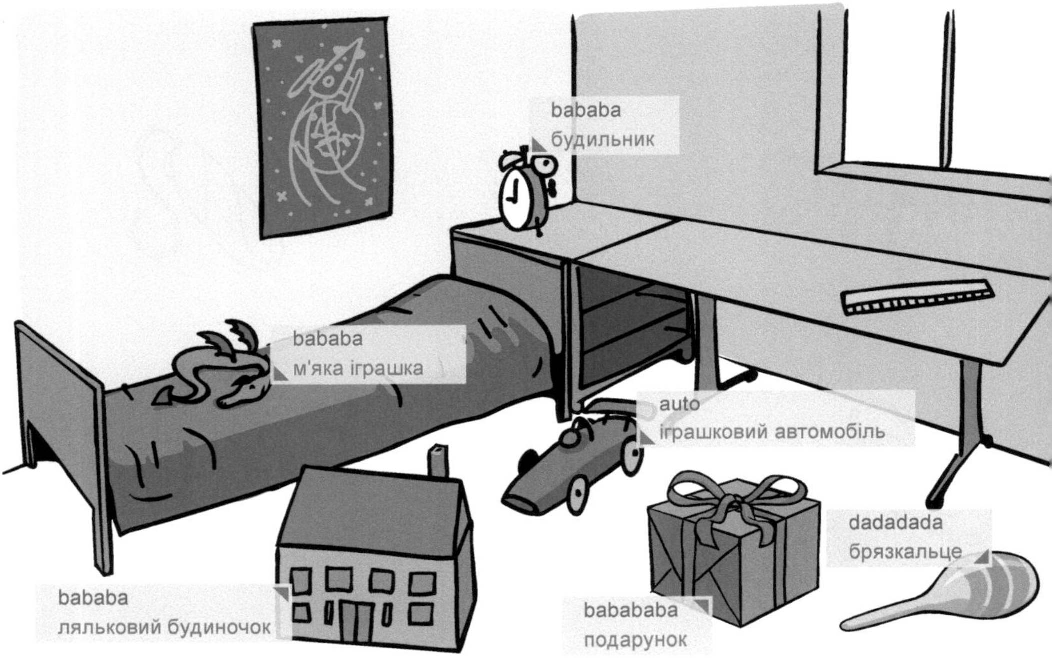
bababa
будильник
bababa
м'яка іграшка
auto
іграшковий автомобіль
dadadada
брязкальце
bababa
ляльковий будиночок
babababa
подарунок

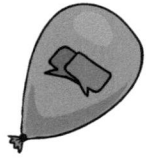

dadadada

повітряна кулька

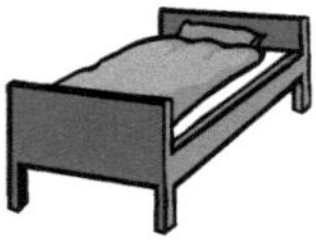

heia!

ліжко

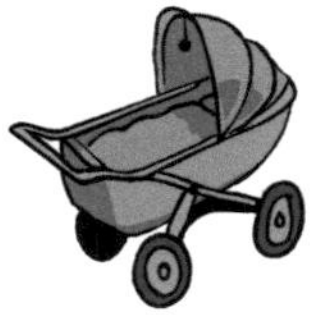

dadaba

дитячий візок

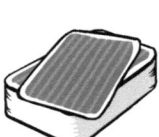

dadababa

картярська гра

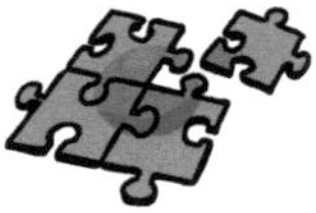

bababa

пазл

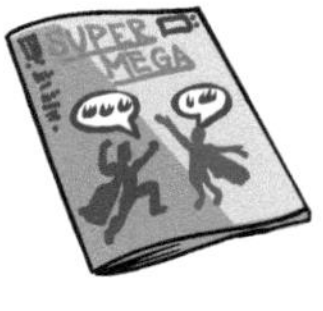
SUPER
MEGA

dadababa

комікс

badada

лего цеглинки

badada

блоки

dada

іграшкова фігурка

dadadada

повзунки

dadaba

фризбі

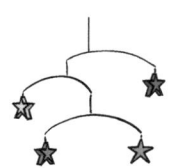

dadaba

мобіле

ba

настільна гра

baba

кубик

dadababa

модель залізнична станція

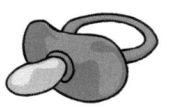

lula

соска

baba

вечірка

dadaba

книжка з картинками

dada

м'яч

dada

лялька

badada

грати

dadaba

пісочниця

babababa

гойдалка

dadababa

іграшка

dadaba

гральна консоль

babadada

триколісний велосипед

dadababa

плюшевий мішка

dadaba

шафа

baba

одяг

dadadada

шкарпетки

ba

панчохи

dada

колготки

bababa
шарф

dadababa
ремінь

bababa
парасоля

badada
футболка

ba
кросівки

baba
чоботи

baba
домашнє взуття

bababa

сандалі

badada

взуття

dada

гумові чоботи

ba

труси

baba

бюстгальтер

dadadada

нижня сорочка

badada

боді

ba

штани

bababa

джинси

dada

спідниця

bababa

блузка

dadadada

сорочка

baba

пуловер

baba

светр

babadada

піджак

baba

куртка

bababa

пальто

dadababa

дощовик

bababa

костюм

ba

сукня

dadaba

весільна сукня

dadadada

костюм

babababa

нічна сорочка

heia

піжама

baba

capі

dadadada

головна хустка

dada

чалма

dada

бурка

baba

кафтан

dadadada

абая

wasa

купальник

bababa

плавки

dadababa

шорти

babababa

тренувальний костюм

baba

фартух

babababa

рукавички

dadaba

гудзик

babadada

окуляри

dada

браслет

dadababa

ланцюг

bababa

кільце

dadababa

сережка

dada

шапка

babadada

плічка

dadababa

капелюх

bababa

краватка

badada

застібка-блискавка

dadaba

шолом

dada

підтяжки

babadada

шкільна форма

bababababa

уніформа

namnam
нагрудник

lula
соска

kaka!
підгузок

baba
офіс

dadaba
сервер

dadababa
шаф для документів

badada
принтер

dadadada
папір

dadadada
монітор

ba
письмовий стіл

baba
миша

dadaba
папка

dada
синтезатор

babadada
кошик для паперу

dada
комп'ютер

bababa
стілець

dada
кавовий кухоль

bababa
калькулятор

da da
інтернет

papa!

ноутбук

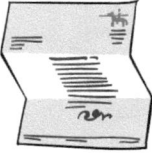

dadababa

лист

ba

повідомлення

fon

мобільний телефон

bababa

мережа

ba

копіювальний пристрій

bababa

програмне забезпечення

dada bing

телефон

aua!

розетка

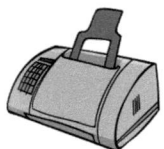

bababa

факс

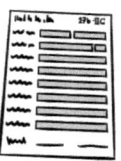

dadaba

бланк

bababa

документ

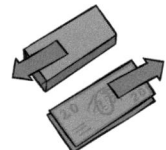

baba

купувати

dadadada

платити

dadaba

торгувати

badada

гроші

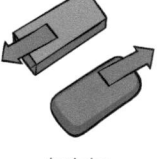

babadada

долар

dadaba

євро

JPY

bababa

ієна

RUB

ba

рубль

CHF

dada

франк

CNY

dada

юанів женьміньбі

INR

ba

рупія

ba

банкомат

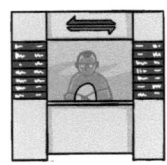

dadadada

обмінний пункт

dadadada

золото

baba

срібло

dadadada

нафта

ba

енергія

dadadada

ціна

baba

контракт

bababa

податок

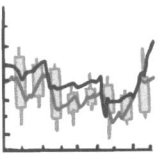

dadadada

акція

dadaba

працювати

dadadada

працівник

dadababa

роботодавець

dadaba

фабрика

ba

магазин

baba
поліцейський

dada
пожежник

bababab
повар

aua!
лікар

bababa
пілот

bababa

садівник

bababa

столяр

baba

швачка

bababa

суддя

dadaba

хімік

dadababa

актор

ba

водій автобуса

auto mann

таксист

bababa

рибалка

dadadada

прибиральниця

dadadada

покрівельник

dadadada

офіціант

badada

мисливець

dadadada

художник

dadababa

пекар

papa!

електрик

babababa

будівельник

bababa

інженер

dadababa

забійник

dadadada

бляхар

bababa

листоноша

dadadada

солдат

ba

архітектор

dadaba

касир

bababa

флорист

babadada

перукар

bababa

кондуктор

dadaba

механік

dada

капітан

badada

дантист

ba

вчений

bababa

рабин

dadaba

імам

dada

монах

dadadada

пастор

dada
інструменти

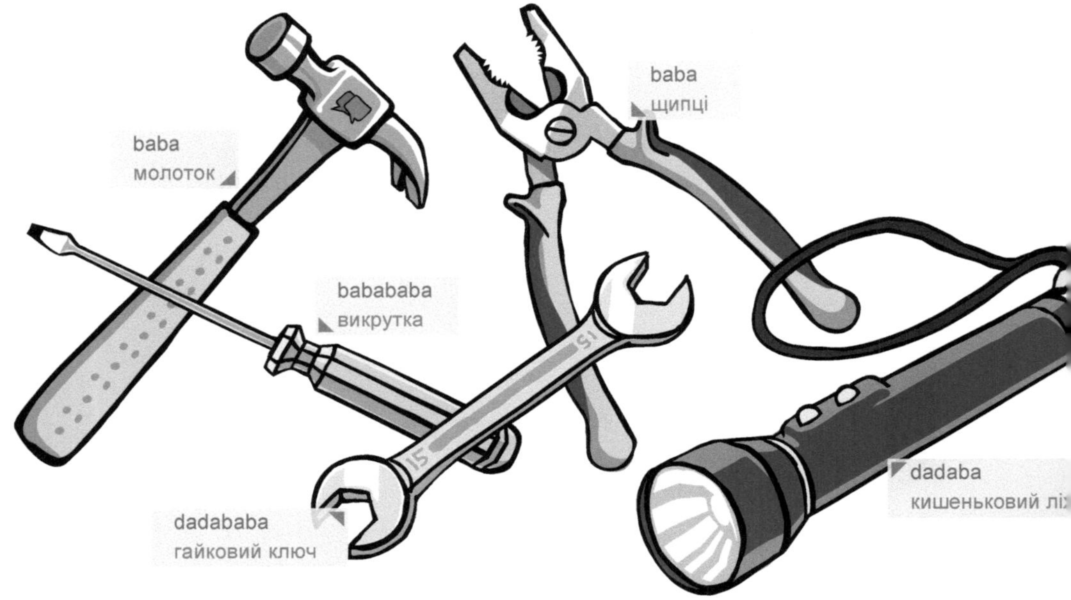
baba
молоток
baba
щипці
babababa
викрутка
dadababa
гайковий ключ
dadaba
кишеньковий лі

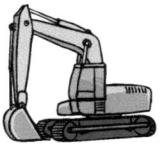

dadaba
екскаватор

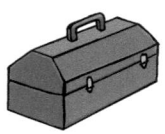

baba
ящик для інструментів

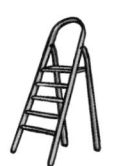

babababa
драбина

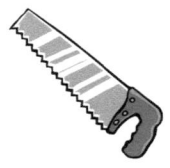

dadaba
пилка

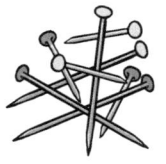

babadada
цвяхи

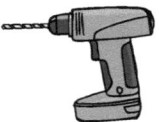

dada
свердло

dadababa

ремонтувати

dada

лопата

aua!

лайно!

dada

совок

dadaba

відро з фарбою

babababa

гвинти

bababa
музичні інструменти

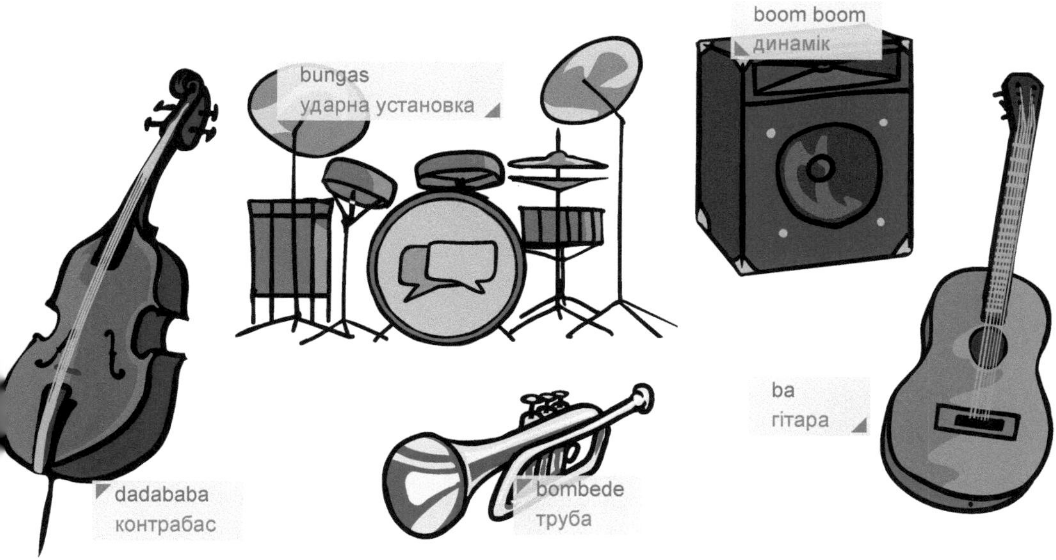

bungas
ударна установка

boom boom
динамік

dadababa
контрабас

bombede
труба

ba
гітара

bingbing

фортепіано

bababa

скрипка

ba

бас

badada

литаври

bunga bunga

барабан

badada

клавіатура

dadababa

саксофон

dadababa

флейта

dadadada

мікрофон

bababa
зоопарк

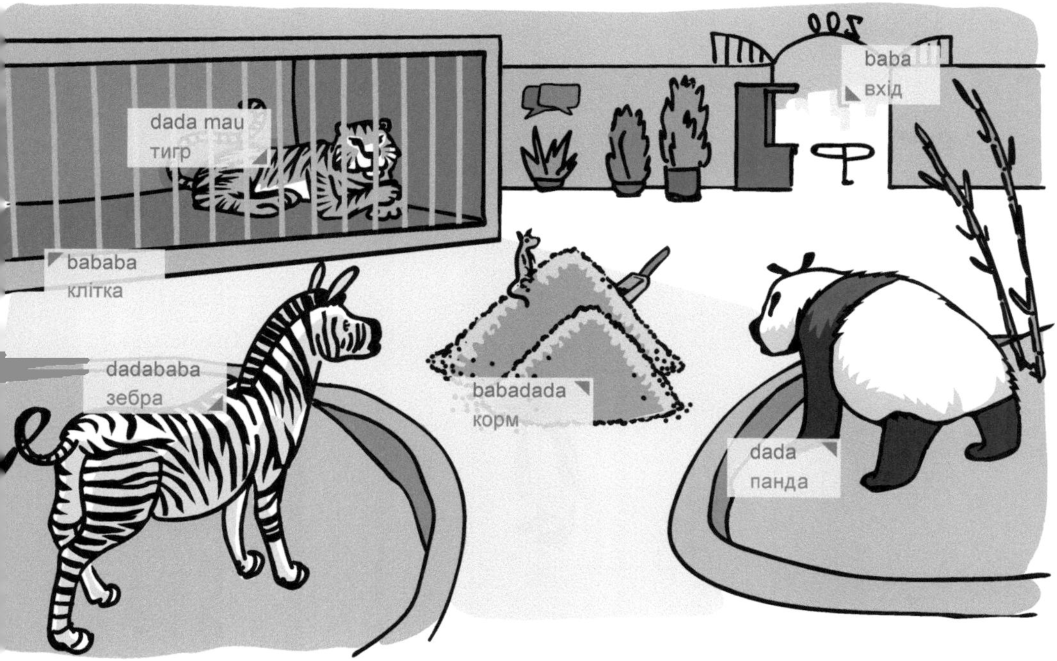

dada mau
тигр
baba
вхід
bababa
клітка
dadababa
зебра
babadada
корм
dada
панда

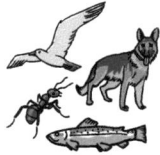

dadadada
тварини

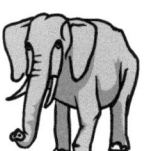

bababa
слон

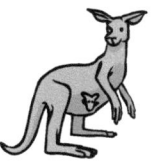

dadaba
кенгуру

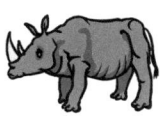

babadada
носоріг

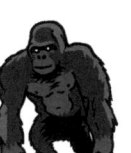

dada
горила

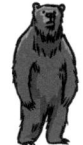

babababa
ведмідь

dadaba

верблюд

gackgack

страус

babadada

лев

dadaba

мавпа

gackgack

фламінго

bababa

папуга

bababa

білий ведмідь

dada

пінгвін

bababa

акула

dadaba

павич

badada

змія

babababa

крокодил

dadadada

працівник зоопарку

dada

тюлень

bababa

ягуар

ei!

поні

dadadada

леопард

dada

гіпопотам

babababa

жираф

bababa

орел

babadada

кабан

nom nom!

риба

dadadada

черепаха

anje

морж

dadadada

лисиця

bababa

газель

dadababa
американський футбол

dadaba
їзда на велосипеді

bum bum
теніс

ball
баскетбол

badada
плавання

aua!
бокс

baba
хокей

dadadada
футбол

badada
бадмінтон

dadababa
легка атлетика

ball
гандбол

dadadada
лижні перегони

baba
поло

dada
стрибати

bababa
обіймати

baba
сміятися

dada
йти

dadababa
співати

dadababa
мріяти

dadadada
молитися

mama!
цілувати

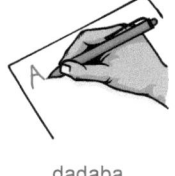

dadaba

писати

dada

малювати

dadababa

показувати

dada

тиснути

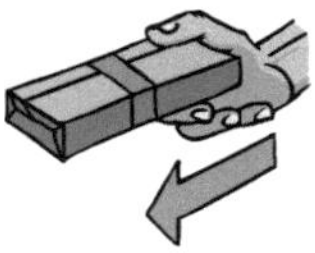

badada

давати

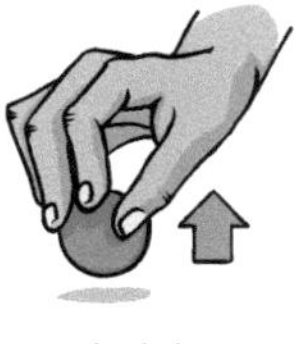

dadaba

брати

dadaba

мати

dadadada

робити

babadada

бути

dadadada

стояти

baba

бігати

dadababa

тягнути

dadadada

кидати

dadaba

падати

badada

лежати

dadaba

очікувати

bababa

носити

ba

сидіти

dadababa

одягати

heia!

спати

bababa

просипатися

babababa

дивитися

baaaaaa

плакати

dadadada

гладити

bababa

розчісувати

bababa

розмовляти

baba

розуміти

badada

питати

dadababa

слухати

bababa

пити

nomnom!

їсти

badada

прибирати

ba

любити

badada

варити

dadababa

їхати

dadadada

літати

dadababa

йти під вітрилом

dadababa

рахувати

dadadada

читати

dadababa

вчитися

dadaba

працювати

baba

одружуватися

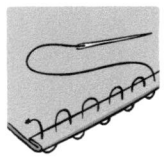

dada

шити

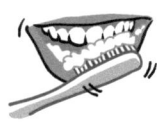

aua!

чистити зуби

aua!

убивати

dadababa

курити

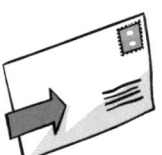

babababa

посилати

oma!
бабуся

opa!
дідуся

papa!
батько

mama!
мати

bebi
немовля

ba
донька

badada
син

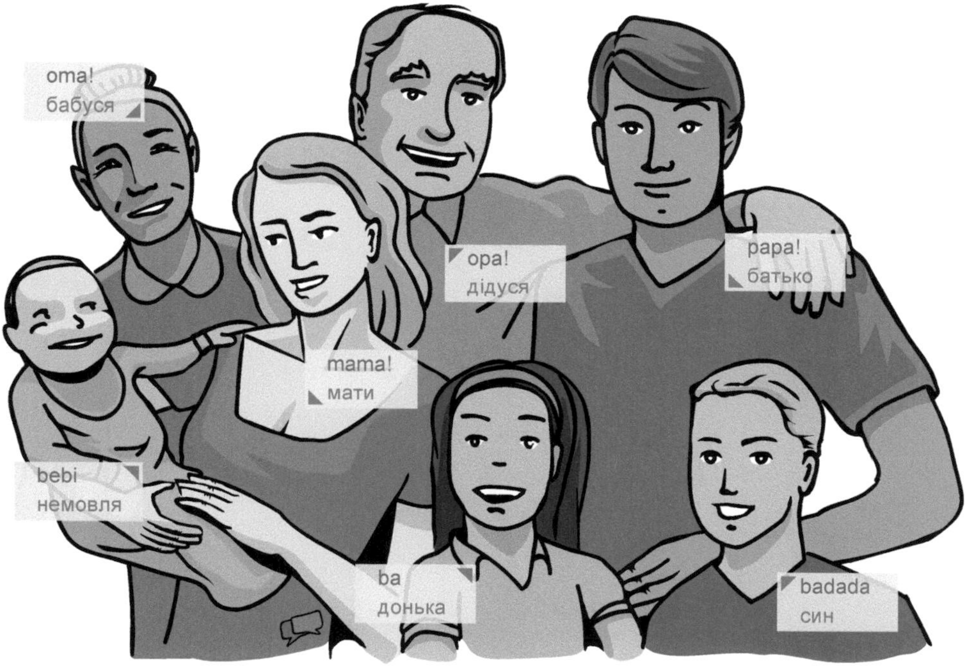

baba

гість

ba

тітка

bababa

дядько

nein!

брат

nein!

сестра

тіло

babababa
чоло

dada
око

dada
обличчя

dadababa
підборіддя

da
груди

bababa
плече

dada
палець

baba
кисть

babababa
рука

dadaba
нога

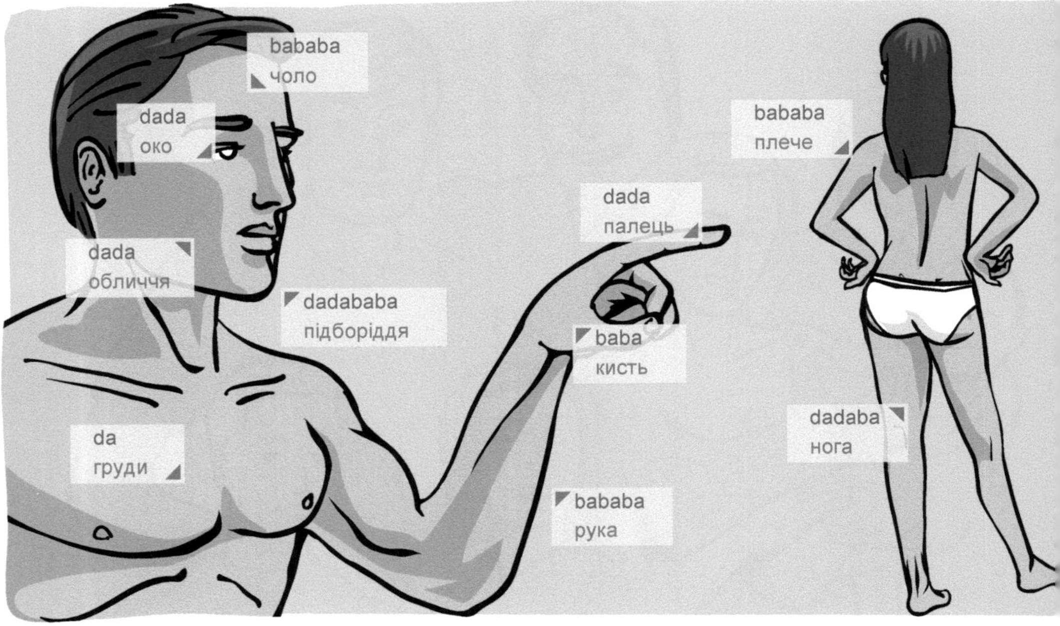

bebi

немовля

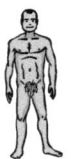

papa!

чоловік

mama

жінка

baba

дівчина

babadada

хлопчик

babababa

голова

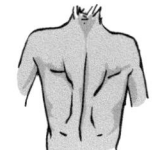

baba

спина

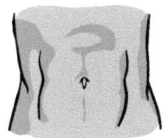

dadababa

живіт

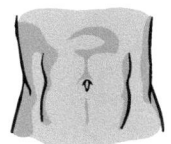

dada

пуп

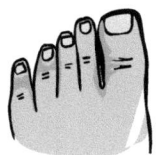

dadababa

палець ноги

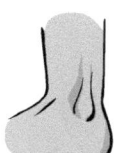

ba

п'ята

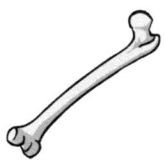

badada

кістка

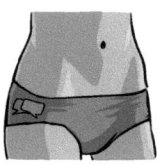

bababa

стегно

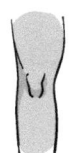

dada

коліно

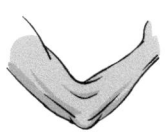

dadadada

лікоть

bababa

ніс

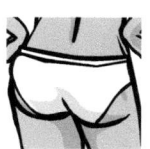

popo

сідниці

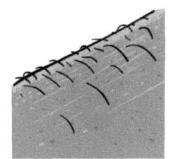

dadaba

шкіра

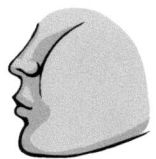

badada

щока

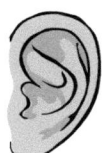

dada

вухо

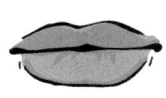

babababa

губа

dadababa

рот

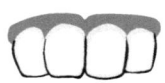

dadadada

зуб

baba

язик

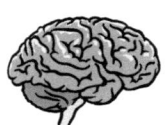

dadadada

мозок

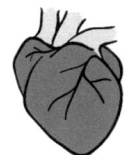

baba

серце

dada

м'яз

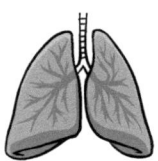

dada

легені

dada

печінка

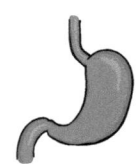

dadababa

шлунок

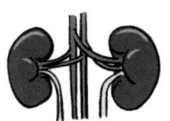

dadaba

нирки

babadada

статевий акт

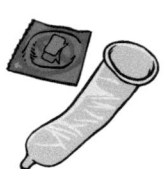

dada

презерватив

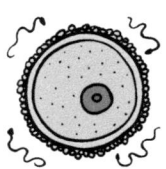

badada

яйцеклітина

dadababa

сперма

dadababa

вагітність

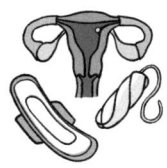

ba
....
менструація

mumu
....
вагіна

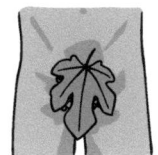

pipi
....
пеніс

dada
....
брова

dadababa
....
волосся

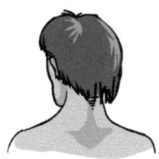

bababa
....
шия

aua!

лікарня

aua!
лікарня

ba
машина швидкої допомоги

aua!
інвалідний візок

aua!
перелом

aua!

лікар

aua!

відділення швидкої
медичної допомоги

aua!

медсестра

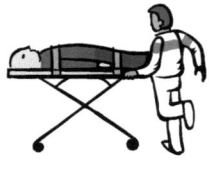

aua!

аварійний випадок

aua!

непритомний

dadababa

біль

aua!

травма

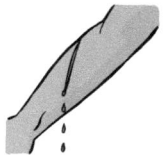

dadadada

кровотеча

aua!

інфаркт

aua!

інсульт

dadababa

алергія

aua!

кашель

aua!

лихоманка

aua!

грип

aua!

пронос

aua!

головна біль

aua!

рак

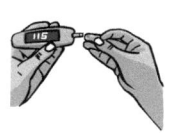

aua!

діабет

aua!

хірург

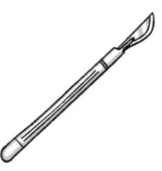

aua!

скальпель

aua!

операція

aua!

КТ

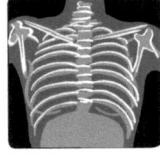

aua!

рентген

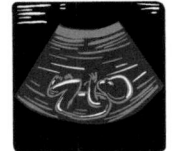

aua!

ультразвук

aua!

маска

aua!

хвороба

aua!

зал очікування

aua!

милиця

aua!

пластир

dadababa

пов'язка

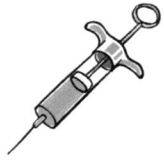

aua!

ін'єкція

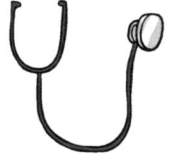

aua!

стетоскоп

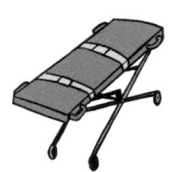

aua!

ноші

aua!

термометр

aua! bebi!

народження

aua!

надмірна вага

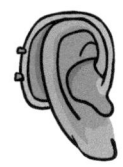

aua!

слуховий апарат

aua!

дезінфікуючий засіб

aua!

інфекція

aua!

вірус

aua!

ВІЛ / СНІД

aua!

медицина

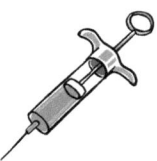

aua!

вакцинація

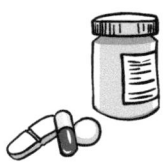

aua!

таблетки

dadaba

протизаплідна пігулка

aua!

екстрений виклик

aua!

тонометр

da / ba

хворий / здоровий

аварійний випадок

aua!

сигнал тривоги

aua!

напад

aua!

Допоможіть!

aua!

атака

aua!

небезпека

dadadada

аварійний вихід

dadaba

вогнегасник

aua! aua!

аварія

dadaba

Вогонь!

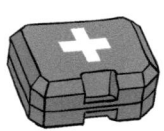

aua!

аптечка

baba

СОС

dadadada

поліція

badada

Європа

dadaba

Північна Америка

dadababa

Південна Америка

dadaba

Африка

dadaba

Азія

babababa

Австралія

badada

Атлантика

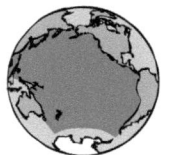

dadaba

Тихий океан

baba

Індійський океан

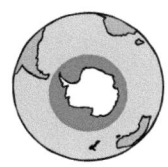

bababa

Антарктичний океан

dadababa

Північний Льодовитий океан

bababa

Північний полюс

dadababa

Південний полюс

dadaba

Антарктика

dada

Земля

dadaba

суша

badada

море

dadadada

острів

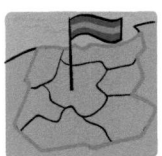

dadadada

нація

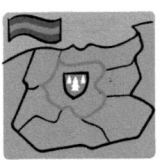

dadababa

держава

baba

циферблат

babadada

годинникова стрілка

baba

хвилинна стрілка

bababa

секундна стрілка

dadababa

Котра година?

babadada

день

dada

час

baba

зараз

dadababa

цифровий годинник

dadababa

хвилина

bababa

година

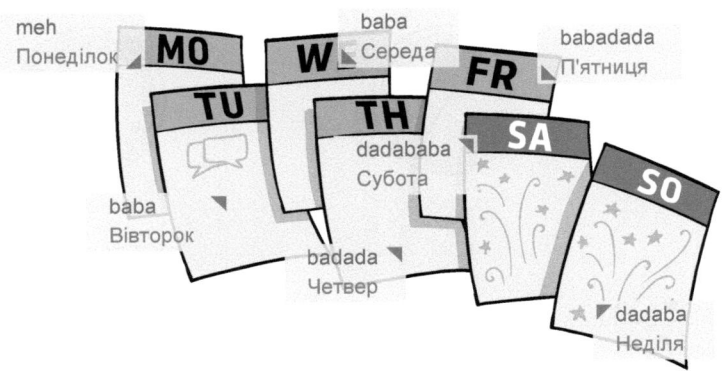

dadadada

вчора

dadababa

сьогодні

dadaba

завтра

baba

ранок

baba

опівдні

dadadada

вечір

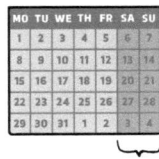

dada

робочі дні

baba

кінець робочого тижня

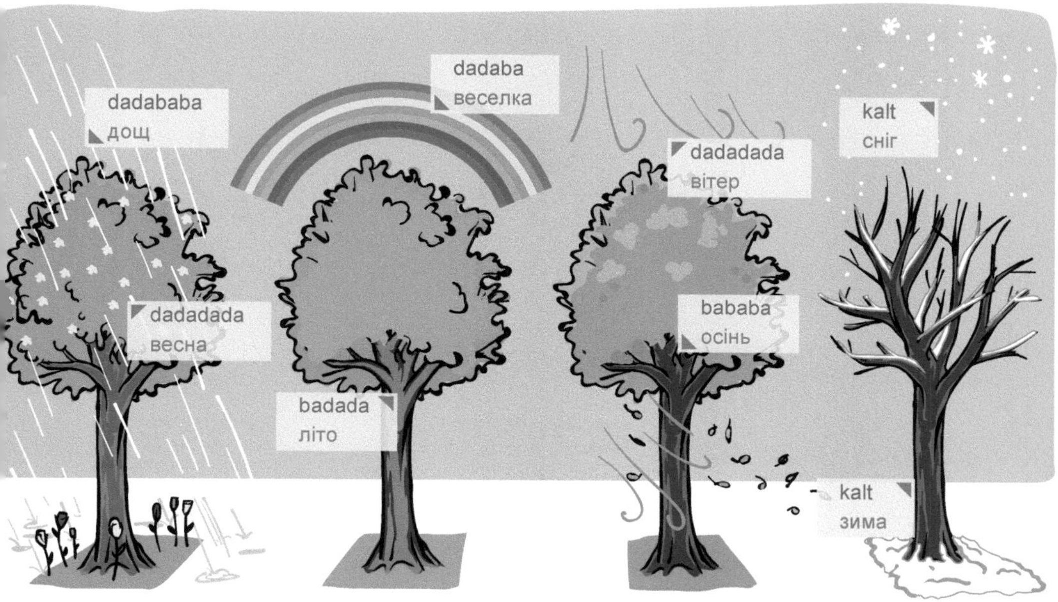

dadababa
дощ
dadaba
веселка
kalt
сніг
dadadada
вітер
dadadada
весна
bababa
осінь
badada
літо
kalt
зима

4.APRIL 11°
5.APRIL 4°
6.APRIL 13°
7.APRIL 8°
8.APRIL 10°

dadababa

прогноз погоди

F C
120 40
90 30
60 20
30 10
0 0
-30 -10
-20

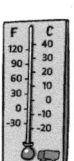

bababa

термометр

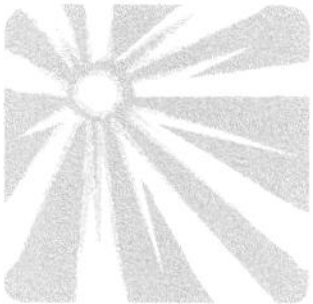

ba

сонячне світло

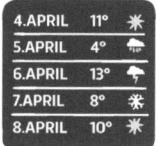

baba

хмара

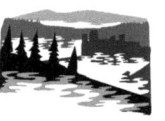

dadadada

туман

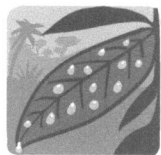

dada

вологість повітря

dadababa

блискавка

dada

грім

badada

шторм

dadababa

град

bababa

мусон

dadaba

повінь

dadadada

лід

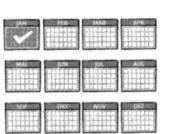

dadaba

Січень

dadaba

Лютий

bababa

Березень

dadadada

Квітень

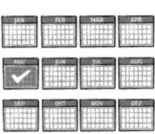

dadadada

Травень

babababa

Червень

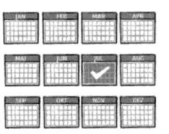

baba

Липень

bababa

Серпень

dadaba - рік

dadadada

Вересень

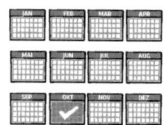

badada

Жовтень

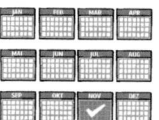

dadababa

Листопад

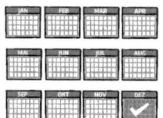

baba

Грудень

dadababa

форми

baba

круг

badada

квадрат

dadababa

прямокутник

babababa

трикутник

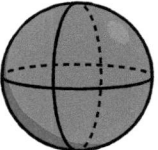

dadadada

куля

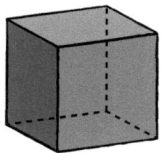

babababa

куб

dadababa

білий

babababa

жовтий

baba

помаранчевий

dadadada

рожевий

babadada

червоний

dadababa

фіолетовий

dadadada

синій

ba

зелений

baba

коричневий

bababa

сірий

badada

чорний

da / ba

багато / мало

da / ba

лютий / мирний

da / ba

гарний / бридкий

da / ba

початок / кінець

da / ba

великий / малий

da / ba

світлий / темний

da / ba

брат / сестра

da / ba

чистий / брудний

da / bada

завершений /
незавершений

da / ba

день / ніч

da / ba

мертвий / живий

da / ba

широкий / вузький

da / ba

їстівний / неїстівний

da / ba

злий / дружній

ba / ba

збуджений / нудьгуючий

da / ba

товстий / тонкий

ba / ba

спочатку / востаннє

da / bada

друг / ворог

da / ba

повний / порожній

da / ba

жорсткий / м'який

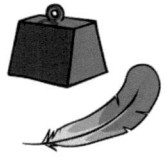

da / ba

важкий / легкий

da / bada

голод / спрага

da / ba

хворий / здоровий

da / ba

незаконний / законний

da / ba

розумний / дурний

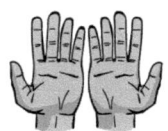

ba / ba

вліво / вправо

da / ba

поруч / далеко

da / bada

новий / використаний

da / ba

нічого / щось

ba / ba

старий / молодий

da / ba

вкл / викл

da / ba

відкрито / закрито

da / ba

тихо / гучно

ba / ba

багатий / бідний

da / ba

правильно / неправильно

da / ba

шорсткий / гладкий

ba / ba

сумний / щасливий

da / ba

короткий / довгий

da / ba

повільно / швидко

da / bada

вологий / сухий

da / bada

гарячий / холодний

da / ba

війна / мир

dadadada - протилежності

0

dada

нуль

1

a

один

2

ba

два

3

da ba da

три

4

badabada

чотири

5

dadababa

п'ять

6

dadaba

шість

7

badada

сім

8

dadababa

вісім

9

dadaba

дев'ять

10

dadadada

десять

11

badada

одинадцять

12

baba

дванадцять

13

bababa

тринадцять

14

baba

чотирнадцять

15

babadada

п'ятнадцять

16

dadababa

шістнадцять

17

babababa

сімнадцять

18

dadababa

вісімнадцять

19

bababa

дев'ятнадцять

20

dadababa

двадцять

100

baba

сто

1.000

baba

тисяча

1.000.000

dadababa

мільйон

МОВИ

baba

англійська

babadada

американська англійська

dadababa

китайська
високочиновницька

ba

хінді

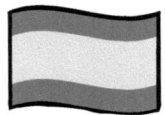

badada

іспанська

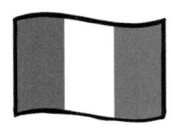

ohlala

французька

babadada

арабська

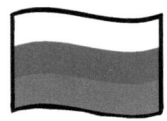

dadaba

російська

dada

португальська

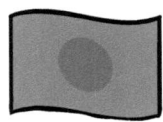

dadadada

бенгальська

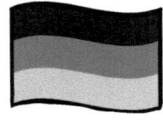

badada

німецька

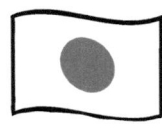

dadadada

японська

a
я

dadadada
ти

da / da / da
він / вона / воно

o ba ma
ми

babababa
ви

baba
вони

dadadada
хто?

dadadada
що?

baba
як?

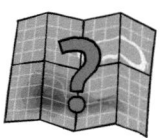

babababa
де?

babadada
коли?

dadaba
ім'я

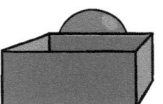

baba

ззаду

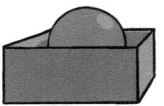

dadaba

в

baba

перед

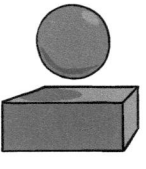

ba

над

baba

на

dadababa

під

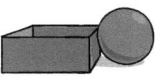

bababababa

біля

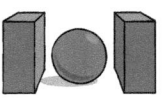

ba

між

dada

місце